THÉROUANNE

UNE VILLE DISPARUE

PAR

M. L'ABBÉ BLED

CORRESPONDANT DU MINISTÈRE

Extrait du Bulletin historique et philologique, 1894

PARIS

IMPRIMERIE NATIONALE

M DCCC XCV

THÉROUANNE

UNE VILLE DISPARUE

PAR

M. L'ABBÉ BLED

CORRESPONDANT DU MINISTÈRE

Extrait du *Bulletin historique et philologique*, 1894

PARIS

IMPRIMERIE NATIONALE

M DCCC XCV

THÉROUANNE.

UNE VILLE DISPARUE.

Il ne s'agit pas ici d'une de ces villes au passé lointain et mysté-
rieux, englouties sous les sables mouvants du désert; pas même
d'une antique cité aux rustiques habitations facilement ruinée dans
les incendies allumés par les Barbares il y a quinze siècles. La
ville dont j'entreprends d'exhumer le souvenir, presque hier était
encore debout et tout près de nous; aujourd'hui elle a si complètement disparu que la tradition seule en indique la place avec hési-
tation : ville éminemment française, jadis enceinte de formidables
murailles que soutenaient de puissants bastions, enfermant dans
ses murs avec plusieurs églises et paroisses, la plus vaste, la plus
haute et la plus belle cathédrale de la région du Nord, ruinée,
démolie dans la seconde moitié du xvie siècle. A l'endroit que dé-
signent les vieillards du pays, l'on a peine à croire que s'élevait il
y a moins de trois cent cinquante ans une ville florissante et redou-
table, autrefois la capitale d'un grand pays et d'un peuple belli-
queux que le vainqueur des Gaules ne réduisit jamais complètement,
siège de l'un des plus vastes diocèses de la Gaule Belgique, qui au
temps de nos rois subit maints assauts, et qui fut longtemps pour
le plus puissant monarque des temps modernes un objet de haine
et une cause d'amers soucis.

Le voyageur parcourant aujourd'hui les molles ondulations de ce
sol couvert chaque année d'une riche moisson, ne peut soupçonner
qu'à moins de deux mètres sous ses pieds gisent, parmi les décombres
amoncelés d'une ville ruinée, les substructions de nombreuses habitations, le tracé des rues avec leur pavement, les massifs contours
de plusieurs églises et d'une vaste cathédrale avec leurs dalles et
leurs larges pierres tombales encore intactes, couvrant à tout jamais
peut-être de riches sépultures plusieurs fois séculaires, des débris

de toutes formes, précieux sans doute pour l'histoire de l'art et dont l'exhumation ferait le bonheur de l'artiste et de l'archéologue. Contre les murs crénelés de cette enceinte, à peine indiquée aujourd'hui en de rares endroits par quelques talus plus escarpés, se sont venues heurter des armées de toutes nations accourues des quatre coins de l'Europe. Les vaillants fils de France, en défendant ce sol, l'ont fécondé de leur sang et du sang des ennemis. Maintenant de fertiles guérets remplacent ce qui fut autrefois le champ clos de leur vaillance.

Nunc segetes ubi Troja fuit!

Sur un mardy 20ᵉ de Juing fut la cité de Thérouenne prinse, bruslée, saccagée et démolie par les Impériaulx : appert par les dates ensuivantes :

ForMIDabILIs

CaroLVs qVIntVs ConCLVsIt, neC non eXtVrbaVIt qVoqVe Me

Le vingtiesme de juin, chacun le dit,
Thérouenne vaincue, Vivat! Bourgoigne criit [1].

C'est en ces termes laconiques que Jean Balin, religieux de l'abbaye de Clairmarais [2], dédaignant le chronogramme trop connu DeLetI MorInI, rappelle dans son *Promptuarium* le formidable événement dont il fut le contemporain et sans doute le témoin oculaire.

Raconter la défaite glorieuse et la fin héroïque de la vaillante cité, montrer qu'elle n'a été anéantie qu'en haine du nom français, et seulement parce que, sentinelle avancée en pays ennemi, elle défendait efficacement l'entrée en pays de France, servirait bien mon dessein ; car je voudrais intéresser le patriotisme de mes concitoyens en faveur d'une mémoire trop délaissée. Mais il suffira que je renvoie aux historiens contemporains qui en ont parlé. On ne peut lire les émouvants récits de Brantôme en ses *Mémoires*, de François de Rabutin en ses *Commentaires*, de Scipion Dupleix dans son *His-*

---

[1] **Bibliothèque de Saint-Omer, ms. 799.**
[2] **Abbaye cistercienne auprès de Saint-Omer.**

toire générale [1] sans être saisi d'un sentiment de pitié pour la malheureuse ville et d'admiration pour ses héroïques défenseurs. Du moins en racontant comme le sort posthume de Thérouanne après sa prise, et la destinée très particulière du sol sur lequel elle dressait autrefois ses fières murailles, j'essayerai d'intéresser à ses ruines l'archéologie et l'histoire.

Le 14 juin 1553, l'intrépide gouverneur de Thérouanne, d'Essé Montalembert, tenant la parole qu'il avait donnée à son roi, guérissait sa « jaunisse » en se faisant tuer sur la brèche [2]. Le fils aîné du connétable de Montmorency prit en sa place le commandement, et continua l'héroïque défense. Six jours après, le 20 juin au matin une formidable explosion éventra les remparts, et par une large brèche, Allemands et Bourguignons se précipitèrent dans la ville, au moment où les défenseurs s'avançaient pour parlementer, et mirent tout à sac et à sang.

Toutefois, malgré le dire de Balin, ce ne fut pas ce jour-là que Thérouanne fut « prinse, bruslé, saccagé et *desmolie* ». Le registre capitulaire de l'église collégiale de Saint-Omer est plus exact. Il dit au 20 juin 1553 : « Quæ quidem urbs (Terruana) fuit *ipsa die* igne combusta et *postmedum* funditus destructa » [3]. Assurément, au rapport de tous les auteurs contemporains, les horreurs commises par les vainqueurs furent épouvantables. Mais leur cruauté sévit surtout contre les défenseurs et les malheureux habitants qui, dit Heindricq [4], « furent tous passés au fil de l'espée sans nul espargne »

---

[1] Voir aussi : Collet, *Notice historique sur Saint-Omer suivie de celle de Thérouanne*, 1830. Piers, *Histoire de Thérouanne*, 1833. — *Mémoire des antiq. de la Morinie*, V, et Bulletin II, où M. Albert Legrand a raconté les derniers jours de Thérouanne dans sa *Correspondance inédite des généraux de l'empereur Charles V avec les mayeur et échevins de Saint-Omer en 1553*.

[2] Henri II, à la nouvelle du siège de Thérouanne par les troupes de Charles V, donna l'ordre à d'Essé Montalembert, quoique malade d'une jaunisse, de se jeter dans cette ville. « Sire, lui dit d'Essé, je m'y en vais donc de bon et loyal cœur ; mais j'ai ouï dire que la place est très mal envitaillée, non pas seulement pourveue de pelles, de tranches ny de hottes pour remparer et remuer terre, à quoy M. de Villebon, gouverneur, n'y a pas grand honneur (comme ainsi il se trouva) : mais lorsque vous entendrez que Thérouanne est prise, dites hardiment que d'Essé est guéri de sa jaunisse, et mort » (Brantôme).

[3] Archives de la ville Saint-Omer. Archives capit.

[4] Chroniqueur audomarois xvi° et xvii° siècles. — Bibliothèque de Saint-Omer, ms. 828.

d'âge ni de sexe. *Incredibile est*, dit Ferry de Locres en sa chronique, *quantum Gallici sanguinis, germanicâ potissimum irâ, fuerit illic effusum.*

Le feu mis à quelques maisons après ou pendant le pillage brûla bien çà et là quelques quartiers de la ville, mais en somme elle était encore après le sac et l'incendie moins ruinée qu'elle ne l'avait été par les Anglais en 1513 lorsqu'ils n'y laissèrent debout que les églises. La destruction de Thérouanne ne fut donc pas un accident causé par l'aveugle brutalité de vainqueurs emportés par la colère, l'avidité et l'enivrement de la victoire : ce fut un acte politique, un crime de lèse humanité commis de sang-froid par l'inexorable empereur Charles-Quint, inspiré en cela et par l'amour de la vengeance et par une pensée de sauvage prudence.

« L'empereur estant à Brusselles, dit François de Rabutin, promptement fut adverty de la prinse de Thérouenne, en quoy il print aussy grand plaisir que si c'eust esté l'empire de Constantinople. » Consulté sur le sort qu'il réservait à la cité vaincue, il écrivit sur-le-champ de sa propre main ses volontés implacables. « La ville sera rasée jusque dans ses fondements; on ne détruira pas seulement les édifices profanes, mais encore les églises, les monastères et les hôpitaux. On ne laissera aucun vestige des murailles, et l'on fera venir des ouvriers des villes de Flandre et d'Artois pour enlever tout ce qui restera [1]. »

Dès que ces ordres furent connus, ce fut avec une véritable fureur que l'on s'attaqua à tout ce qu'avait laissé debout le premier sac. C'était faire preuve de zèle à la cause impériale.

En même temps, des pays d'alentour, même des pays français, mais surtout du côté de Flandre, les voisins accoururent, les uns

---

[1] Dom Devienne. *Histoire d'Artois*, 4ᵉ p., p. 67.

M. A. Legrand, dit que ce fut après cette décision de Charles V que furent pillés les trésors, vases sacrés, ornements, reliquaires, archives, etc. de la cathédrale de Thérouanne et des autres églises. Je ne le pense pas. Je crois au contraire que la plupart de ces objets de prix disparurent dans le premier pillage qui suivit immédiatement l'assaut. Si ces objets sacrés avaient été pillés en vertu des ordres nouveaux de l'empereur, celui-ci n'aurait pas pu écrire lui-même, dans l'ordonnance qu'il envoya par tout le pays de Flandre et d'Artois vingt-trois jours après le sac, que les détenteurs de ces objets avaient incontinent à les rapporter aux chanoines morins retirés à Saint-Omer, car ce pillage, dit-il « selon droict et raison, et avecq usance de bonne anchienne guerre, faire ne se debvoit », rappelant que, comme tous les princes chrétiens, il a toujours empêché son armée des pillages des lieux saints dans toutes ses conquêtes.

avides d'emporter quelque débris utilisable, les autres contents de contribuer à la démolition d'une place qui avait tant de fois attiré sur eux les maux de la guerre.

Huit jours à peine après la prise de la ville, le magistrat de Saint-Omer était autorisé à envoyer des chariots pour emporter les pierres de démolitions qui pouvaient servir à la fortification des remparts [1]. Charles V donnait au même moment le magnifique portail de la cathédrale de la Morinie, aux chanoines de Saint-Omer pour leur église qui s'achevait de bâtir [2].

Cependant l'empereur ne voulut point s'en remettre à la cupidité et à la rancune des peuples voisins du soin de ruiner la cité rivale dont il s'était emparé. Il écrivit lui-même à ses gens de Flandre et fit envoyer des ordres à l'Artois par la gouvernante des Pays-Bas pour organiser méthodiquement et dans le plus bref délai l'entière destruction de Thérouanne.

Le 3o juin, Marie, gouvernante des Pays-Bas pour l'empereur son frère, manda au président du conseil d'Artois de convoquer au plus tôt les États de la province. Dans sa lettre, la gouvernante rappelle que : « en contemplation des bons debvoirs de ceulx de Flandres et d'Artois, et pour les délivrer des grandes foulles, dommaiges et oppressions qu'ils souffrent continuellement tant en temps de paix que de guerre » de la part de Thérouanne, malgré d'autres « emprinses » qu'il avait en main, l'empereur « a bien vollu adresser et emploier ses forces de guerre contre led. Thérouanne et essayer si Dieu y vouldroit coopérer; et de faict y a tellement exploicté, grâce à Dieu, qu'il en est venu au-dessus et a réduict lad. ville en son obéissance, ayant depuis résolu d'entièrement démolir icelle pour la meilleure asseurance desd. pays. Et comme lad. démolition ne se peut faire sans diligence extérieure et grand despens et que son camp n'y peut longtemps demeurer après l'exploict faict, ains conviendra pour non perdre temps emploier son armée ailleurs, au moien de quoy porroit advenir, comme on l'a veu du passé en cas semblable, que les ennemis se polroient remectre en lad. ville et

[1] Archives de la ville de Saint-Omer, *Correspondance du magistrat.*

[2] Archives de la ville de Saint-Omer, *Registres capitulaires.*

M. L. Deschamps de Pas a raconté cet intéressant épisode du transport du portail de Thérouanne à l'église collégiale de Saint-Omer. *Bulletin historique de la Morinie,* t. 1, p. 117.

de rechief fortifier icelle, dont suyvroit inconvénient plus grand que auparavant, se n'y est pourveu en diligence, sad. Majesté a donné ordre au préallable d'enfondrer et ruyner les principaulx bollewards». Déjà l'empereur a ordonné aux gens de Flandres de requérir, envoyer et entretenir des ouvriers jusqu'à six mille «et pourveoir à leur soulde pour ung terme de six semaines.»

«Et pour ce que la besoigne importe en pareil et plus grand degré ausd. d'Arthois qui en recepvroient le principal bénéfice, il nous a semblé qu'ilz ne se porront excuser d'y aussi tenir la main en leur endroict. A ceste cause nous requérons et ordonnons de par sad. Majesté que incontinent et en diligence mandez vers vous les États dud. pays d'Arthois, leur faictes entendre ce que dessus et les requerez de par sad. Majesté que bien considérant le grand fruict, seureté et tranquillité que les subjets recepvront de lad. démolition, ils y veullent adsister et tenir la main, mesmes y envoier et entretenir le nombre de deux mil pionniers pour led. terme de six semaines... animer et induire les bons subjets desd. païs à y mectre la main en particulier, et eux-mesmes faire quérir et emporter les materiaulx, comme il est permis à ung chascun; et que au surplus lesd. d'Arthois se veulent en ce emploier comme bons et léaulx subjets... pour leur bien propre et asseurance perpétuelle. Et... tiendrez la main que tout incontinent et en grande diligence, ils veulent entendre à ce que dessus et envoier aud. Thérouenne le plus de gens que leur sera possible sans excuse.

«De Bruxelles, le dernier de juing 1553.

«MARIE [1].»

Si, dès la première annonce de la chute de Thérouanne, les Flamands étaient accourus en toute hâte au pillage de la trop célèbre «larronnière», ils mirent beaucoup moins d'empressement quand il fallut fournir un service régulier de destruction. Le sieur de Bugnicourt, Ponthus de Lalain, crut devoir se plaindre à la gouvernante du peu de diligence que les châtellenies de Flandre mettaient à envoyer les pionniers requis Le 2 juillet, Marie écrivait derechef au conseil d'Artois pour signaler cette nonchalance des Flamands et presser d'autant ceux d'Artois [2].

[1] Archives départ. B.3. reg. aux placards, fol. 254 en copie, et B. 699 en original.

[2] Id., ibid.

Les États d'Artois s'assemblèrent à Arras le 8 juillet.

Quoique convoqués irrégulièrement par Messire Louis de Martigny, président du conseil d'Artois, au lieu de l'être directement par lettres de Sa Majesté, les députés [1] accordèrent « xv mil livres de xl gros la livre pour estre emploiez au paiement desd. deux mil pionniers, y comprins le paiement des chefs conducteurs et aultres doubles paies nécessaires pour led. temps de six sepmaines... et pour la conduite desd. pionniers seront commis quatre notables personnes... pour les conduire, chasser, et faire advanchier diligament led. démolissement... à l'advis des sieurs de Morbecque et d'Escoult ad ce requis et députez par S. M., lesquels quatre personnes auront telle autorité et puissance sur lesd. pionniers que auront capitaines de gens de pied sur leurs souldars. Et affin que l'on puist plus facillement reconnoître led. nombre de pionniers sans tomber en quelque retardement pour la saison d'aoust, les gouverneurs et baillis des villes d'Arras, Sainct-Omer, Aire, Béthune, Lens et Bapalme, et seneschal de Saint-Pol ou leurs lieutenans seront autorrisés de donner et prendre nombre de pionniers jusques au furnissement desd. deux mille payés, en comprendant en leurd. assiette tous amortissemens et enclavement avecq la régalle dud. Thérouenne, laquelle assiette se fera diligamment pour le tout avoir prest et passer leurs monstres pardevant les officiers desd. bonnes villes et baillys au xx° de ce présent moys de juillet [2].

« Advertissant d'avantaige qu'il seroit bon qu'il pleust à S. M. de commander aux sieurs de Morbecque et Escoult qu'ils laissent et fachent souffrir et emporter tous les matériaulx de lad. ville de Thérouenne par ceulx qui en voldront prendre et avoir, selon le contenu des lettres de la royne, sans en vendre aucuns, comme l'on entend quy se commenche à practiquer par les pionniers restans [3]. »

La « monstre » générale des deux mille pionniers se fit à Saint-

[1] Les députés vinrent en petit nombre, et après avoir voté le subside, demandèrent à Sa Majesté « de volloir pour l'advenir user de l'anchienne forme et manière de convocation ».

[2] Voici, d'après le rôle de la réquisition des pionniers, la part fournie par chacune des villes d'Artois : « Au quartier d'Arras se trolveront 400 pionniers, et pour Bapalme 40, au quartier de Saint-Omer avec ses dépendances 400, au bailliage d'Aire 70, au bailliage de Lillers 100, en la sénéchaussée de Saint-Pol 200, en la gouvernance de Béthune 200, au bailliage de Lens 300 ».

Archives départ. B., 3, fol. 355.

Omer. et c'est de là qu'ils partirent pour se rendre à Thérouanne [1].

Mais l'empereur est impatient de voir terminée l'œuvre de destruction. et de pouvoir emmener son armée sur Hesdin. Il ne peut
attendre l'organisation de ces réguliers; c'est comme une levée en
masse qu'il pousse contre Thérouanne. Le 11 juillet il écrit aux
États d'Artois de faire « sonner le tamburin par tout nostre païs et
conté d'Arthois ès lieu les plus peuplez et là ou bon vous semblera,
d'enroller et lever tous mainouvrier qui besongnier et adsister
vouldront aud. démolissement de Thérouanne [2] ». Le 19, nouvelle
lettre de l'empereur autorisant les gouverneurs, baillis, prevôts,
mayeurs, etc., « à contraindre ad ce tous ceulx que besoing sera,
reallement et de faict, non obstant opposition ou appellation. Et
vous recommandons à chascun de vous, bien expressément et acertes,
que aiez à vous y acquictier de sorte que par vostre faulte ou dissi-
mulation lad. démolition ne soit aucunement retardée, auttrement
nostre intention est de nous en prendre à vous, car ainsy nous
plaist-il [3]. » Les États d'Artois requièrent de leur côté les échevins
de Saint-Omer « de faire commandement à ceulx » qu'ils trouveront
« à ce ydoines, sur telles peines » qu'ils aviseront « qu'ilz aient à
eulx venir enroller en halle eschevinalle pour tost aprez passer les
monstres et partir, et lors leur sera baillé argent et ostieulx ».

On ne saurait douter qu'avec de telles ressources et sous la pres-
sion d'une volonté aussi puissante les travaux n'aient rapidement
avancé. L'empereur avait fixé le délai de six semaines. Le terme ne
fut pas dépassé, car les États de Flandre et d'Artois, qui avaient
voté des subsides seulement pour cette durée, n'en votèrent point
d'autres. Il est même très probable que les démolisseurs accompli-
rent leur tâche avant le délai fixé, et l'on peut croire Scipion Du-
plex qui, racontant cette « désolation », affirme que « dans un mois il
ne resta nulle marque de cette ancienne cité » [4]. En effet, les pre-
miers contingents de pionniers de Flandre arrivèrent au commencement de juillet; peu après. les vainqueurs de Thérouanne s'en
éloignaient sans inquiétude et s'en allaient grossir l'armée impériale devant Hesdin qui fut emporté d'assaut le 18 juillet.

[1] Archives de Saint-Omer, Reg. des Délibérations. I, 1553, fol. 49.
[2] Archives départ., B. 688.
[3] Archives de Saint-Omer. *Correspondance du Magistrat.*
[4] *Hist. gén. de France.* t. III. p. 512.

Insistant sur le peu de temps dans lequel les pionniers ache-
vèrent leur œuvre, j'aurais voulu montrer en conclusion l'intérêt
qu'offriraient des fouilles méthodiques dans ce sol jusqu'aujourd'hui
plutôt remué qu'exploré. Du moins, en ce qui concerne la cathédrale, qu'il me soit permis de faire remarquer quel trésor d'art et
d'histoire absolument inexploré les démolisseurs ont laissé là aux
archéologues. Là, comme ailleurs, la destruction s'est faite sans
que l'on ait pris la peine de défoncer le sol. Les décombres se sont
amoncelés sur le pavé de l'église et sur les dalles des tombeaux
demeurées en leur place. Car on n'a pas connaissance, ni par les
écrits, ni par la tradition, que jamais une seule inscription funé-
raire provenant de Thérouanne ait été vue quelque part. Cependant nombre d'évêques, de personnages historiques, de dignitaires
de l'église et de chanoines ont reçu la sépulture dans cette antique
cathédrale. Nul doute qu'on ne retrouve en plusieurs chapelles l'ar-
tistique pavement en pierres gravées du xiiiᵉ siècle dont la cathédrale de Saint-Omer possède d'admirables restes, décrits par
M. Ch. Loriquet dans sa savante *Épigraphie de Notre-Dame de Saint-
Omer*. Une simple tranchée à travers les décombres de l'édifice, si
nettement tracé dans le plan cadastral, mettrait à jour des objets
d'un merveilleux intérêt.

Thérouanne ruiné, voyons ce que devint son sol.

La guerre continua entre Charles V et Henri II, et le terrain
de la ville démantelée demeura en la possession du conquérant.
En 1555, Marie, reine d'Angleterre, tenta un rapprochement
entre les deux princes catholiques, et, par ses soins, en mai, s'ou-
vrirent des négociations dans le petit village de Marck, près de
Calais. Le premier grief des commissaires français contre les
représentants de l'empereur fut la destruction de Thérouanne.
Ceux-ci y répondirent que les Français pouvaient, en représailles,
ruiner à leur choix une des places qu'ils détenaient, conquises sur
Sa Majesté Catholique. Mais les négociations ne tardèrent pas à
être rompues. Elles furent reprises trois ans après par Henri II et
Philippe II dans l'abbaye de Cercamp et aboutirent enfin au traité
de Cateau-Cambrésis, signé le 3 avril 1559. Les papiers d'État du
cardinal de Granvelle, tomes IV et V *passim*, nous livrent le secret de
ces longues et laborieuses négociations. Thérouanne eut l'honneur
d'arrêter longtemps les plénipotentiaires. La base de l'accord dans

les nouvelles négociations était la restitution des places conquises. Comme aux conférences de Marck, les Français objectèrent tout d'abord la démolition de Thérouanne. Les Espagnols répondirent en renouvelant la même offre; et comme les Français insistaient en leur reprochant d'avoir été « si maulvais ménasgiers » que de détruire ce qu'ils avaient conquis, « nous leurs avons replicqué, dit la relation espagnole, que la ruyne de Théroanne étoit l'exécution de l'anathème du pape quand l'évesque Milo feit les murailles[1]; que

[1] L'exécution de l'anathème du pape pour se justifier d'avoir détruit Thérouanne, n'est pas, de la part des commissaires espagnols, une raison très diplomatique, mais elle est curieuse à observer. Aucun historien n'a signalé cette légende de malédiction qui pesait sur Thérouanne et dont on trouve trace dans un couplet de la vieille complainte sur la ruine de cette ville.

> Deux évesques renfermèrent
> La cité entièrement;
> Les princes s'y accordèrent
> Par tel appoinctement
> Que soubz excommuniment
> Papal, nul fort n'en feroit.
> Mais au Pasteur demourroit.

Thérouanne avait été érigé en régale au profit de ses évêques par Clotaire Iᵉʳ, selon Malbrancq, *De Morinis*, et le conseiller Bultel[*] Par cette concession royale, l'évêque de Thérouanne était seigneur spirituel et temporel de cette ville et des fiefs qui en mouvaient; il y avait toute justice, haute, moyenne et basse, et ne relevait que du roi de France. (Voir *Gr. cout. de Richemont*, t. I, p. 159.) C'est aux évêques Milon Iᵉʳ, 1131-1160, et Milon II, l'oncle et le neveu, que la tradition attribue la construction d'une muraille autour de la ville. Au temps de Milon Iᵉʳ, Arnulfus, avoué de Thérouanne, se bâtit une forteresse dans la ville afin d'exercer plus impunément ses exactions. Sur la plainte de Milon, le comte de Flandre, Thierry d'Alsace, par une charte donnée en 1142, reconnut que ni Arnoul ni ses prédécesseurs n'avaient jamais eu le droit de construire un château dans l'enceinte de la ville, et le condamna à démolir celui qu'il avait indûment bâti. (Duchet et Giry, *Cartulaire de Thérouanne*, p. 18.) Pour éviter le retour de pareilles prétentions de la part des comtes de Flandre ou de leurs officiers, le même Milon obtint du pape Célestin II, en 1143, l'excommunication contre tout violateur des priviléges de l'église de Morinie. (*Cathalogus episcoporum ecclesiæ catholicæ Morinensis*, publié par la Société d'émulation de Bruges.) Enfin, il fit renouveler, par le roi de France Louis VII, les anciens priviléges de son église. La charte du roi est de 1156. (Duchet et Giry, *op. cit.*, p. 26, et Meyer, *Annales Flandriæ*, anno 1156.) Mais plus tard Louis VII voulut lui-même aller contre les

[*] Dans un très érudit et très curieux rapport sur la régale de Thérouanne qu'il adressa en 1746 à l'intendant de la province, sur sa demande. Voir ce rapport aux Archives départementales, série B, 699, 19.

ce n'estoit point mal mesnager que d'avoir ruyné ce qui nous faisoit en la Flandre tant de dommaiges, lesquelz avoient concilié tous les voisins d'icelle à lad. ruyne; et que puisqu'elle estoit au milieu de nostre païs, servant seullement à nostre offence et non à leur deffence, s'ils ont envye d'avoir la paix bonne et sincère, qu'ilz ne doibvent trouver maulvais que lad. place soit ruynée et démolye. Que quant à leur donner place nostre au lieu d'icelle, il n'estoit raisonnable qu'ilz nous demandassent nostre patrimoine, et se debvoient contenter que nous leur rendions la place telle qu'elle est, et tant plus tenant regard à ce que nous offrions pour leur plus grande réputation, qu'estoit la démolition d'une de nos places, et que quand à la ruyne de la leur. il estoit raisonnable qu'ilz le comportassent sans en demander récompense [1]. »

Le 16 octobre, le cardinal Granvelle, rendant compte de cette négociation au président Viglius, lui écrivait : « Nous fumes hier d'une assiette cinq heures en communications, et aujourd'hui bien longtemps en pied. Ilz (les Français) nous laissent jà Hesdin du tout, et viennent ad ce que la restitution que l'on fera des places

privilèges de Thérouanne et encourut de ce chef l'excommunication papale comme le marque cet autre couplet de la même complainte :

> Depuis. l'an soixante et seize (1176)
> Le roy Loys et ses gens
> Te mirent en très grant malaize
> Quand ilz entrèrent dedans ;
> **Nonobstant les mandemens**
> Papals. te fortifia.
> Ne sçay en quoy se fia.

Après lui les rois de France suivirent ses prétentions et encoururent aussi l'excommunication. C'est à cet anathème vieux de quatre siècles que les plénipotentiaires espagnols faisaient allusion.

Une autre malédiction légendaire menaçant Thérouanne est rapportée par M. Brasseur dans une notice sur Bourbourg. En 1479. la garnison française de Thérouanne surprit la ville de Bourbourg. y commit d'abominables profanations dans l'église, et viola les sépultures. A cette occasion, une légende, qui avait cours encore au temps de l'auteur. racontait que les morts se levèrent la nuit suivante pour revenir leurs tombeaux profanés et lancèrent contre Thérouanne une malédiction prophétique dans laquelle se trouvait le fameux *Deleti Morini*. (*Archives du Nord*, t. VIII. p. 209.) Cette seconde légende pourrait bien n'être qu'un souvenir défiguré de l'excommunication du pape Célestin II.

[1] *Papiers d'État de Granvelle*. V. p. 241

soit en l'estat qu'elles sont, hormis l'artillerie, munitions et vivres. Pour Théroanne ilz voudroient avoir quelque aultre place nostre et ne la nomment, et au lieu de ce, nous avons offert démolition de l'une de noz places[1]. »

Plus tard on vient à proposer la destruction de Mariembourg au lieu de Thérouanne. Les plénipotentiaires de Philippe II trouvaient peu d'inconvénient à cette proposition « pour nous donner moyen, disent-ils, de traiter cette affaire de Calaix ». Les Anglais avaient, en effet, fort à cœur la perte de Calais que le duc de Guise venait de leur reprendre après deux cent dix ans de possession. Ils insistaient auprès du roi d'Espagne pour faire de la restitution de cette ville une des conditions préalables de tout arrangement. Celui-ci ne demandait pas mieux que de leur être agréable, mais les Français s'obstinaient à ne vouloir rendre Calais à aucun prix. Après bien des semaines de conférences sans résultat sur cette question, les négociations commencées à Cercamp furent interrompues. Elles furent reprises au commencement de l'année suivante, non plus à Cercamp « parce qu'on y a esté trop peu commodément[2] », mais à Cateau-Cambrésis, dans un château que l'évêque de Cambrai possédait près de la ville, où le sieur d'Helfaut fut chargé par Sa Majesté Catholique d'accommoder les logis. Calais embarrassa encore quelque temps les négociateurs. « Les Anglois et les François furent hier en longue dispute sur Calaix ; mais certes les Anglois deffendent mal leur juste cause, et les François sont fort industrieux advocats des maulvaises », écrit Granvelle qui n'est pas sympathique aux Français[3]. « Ils ne font nul bien par vertu, sinon leur monstrant les dentz, forcez et contrainctz », écrit-il au duc de Savoie[4].

Les prétentions de l'Angleterre sur Calais ayant été enfin mises hors de cause, les négociations marchèrent plus activement quand la France et l'Espagne furent seules en présence. Les Français arrêtèrent leur choix sur la petite ville d'Yvoix dont ils demandaient l'entière démolition en compensation de celle de Thérouanne. Les plénipotentiaires espagnols écrivaient à leur maître à la date du

[1] *Papiers d'Etat de Granvelle*, t. V, p. 256.
[2] Lettre de la duchesse douairière de Lorraine au cardinal de Lorraine, 5 janvier 1559.
[3] Granvelle au président Viglius.
[4] Lettre du 11 mars 1559.

16 mars 1559 : « Les François ont longuement contendu pour desmolir non seullement le fort, mais aussi toutes les maisons d'Ivoix pour la rendre en tout en l'estat de Thérouanne; mais nous avons respondu à leurs argumentz de sorte, et usé de telles persuasions que finallement ilz ont en ce cédé, et se contenteront de la ruyne du fort et murailles. » Mais une nouvelle difficulté se présente et les plénipotentiaires prient Sa Majesté Catholique d'y bien prendre garde. C'est que « pour faire plus advantageux en leur faveur la restitution qu'ilz prétendent de Théroanne..... les François dient expressément *de jouyr de tout ce qu'en dépend en la mesme obéyssance qu'ilz souloient faire auparavant les guerres.* Nous entendons qu'il y a lieu tousjours grand débat sur l'usurpation qu'ilz faisoient violentement et par force de plusieurs villaiges voisins, sur quoy l'on estoit en débat avec eulx : par où il fust esté bien qu'ilz eussent dict : *en la mesme obéyssance dont ilz ont pacifiquement jouy.* Mais nous ne sçavons s'ilz le vouldront ainsy passer et nous attendrons ce qu'il plaira à Vostre Majesté nous en commander [1]. »

Cependant le principe de la loi du talion est définitivement accepté par les deux parties, et les Français s'en tiennent à la petite ville d'Yvoix [2], à laquelle ils demandent de faire subir en tous points le sort de Thérouanne, tandis que les Espagnols ne veulent concéder que la démolition du fort et des fortifications. Le cardinal de Granvelle, l'un des plénipotentiaires de Philippe II, était partisan de l'échange de Thérouanne contre Yvoix démantelé. Il écrivait à son ami le président Viglius : « Si l'affaire était à moi, je laisseroye ce de Thérouanne ainsi, pour ce que si avec le temps

---

[1] *Op. cit.,* p. 553. — Il y a ici une allusion aux longs et déjà très anciens débats entre le roi de France et l'empereur sur la possession des pays aux alentours de Thérouanne que l'empereur prétendait être en dehors de la régale, et notamment l'abbaye de Saint-Jean-au-Mont. Malgré plusieurs enquêtes, les possessions de chaque souverain n'avaient pu être nettement delimitées.

[2] Yvoix ou Yvoy, aujourd'hui Carignan, petite ville des Ardennes, à 4 lieues S. E. de Sedan, 2,000 habitants. Le roi Henri II s'en était emparé en 1552. Il la rendit à l'Espagne selon les clauses du traité de Cateau-Cambrésis, après l'avoir démantelée. Plus tard elle fut de nouveau fortifiée, mais le maréchal Châtillon s'en empara en 1637, ruina ses fortifications et une partie des maisons. Yvoix fut cédé à la France par le traité des Pyrénées, en 1659. En 1661 Louis XIV fit don de la ville et principauté d'Yvoy au comte de Soissons-Savoie, Emmanuel-Philibert-Amédée, et les érigea en duché sous le nom de Carignan, en souvenir de Carignan, ville du Piémont dont le prince Thomas de Savoie, père d'Emmanuel-Philibert-Amédée, était le titulaire. (L'abbé d'Expilly. *Dict. des Gaules.*)

l'on le veult eschanger avec Yvoix démoli, les Français pour le
nous rendre le démoliront myeulx que s'ils le doibvent retenir, et
leur coustera, qu'est ce que l'on doibt regarder, afin que les des-
nuant d'argent par les boultz que l'on pourra, ilz n'aient si tost le
moien de mouvoir. Et les laisseroye bastir à Théroanne s'ilz veulent, deffendant aux subjetz de livrer matériaulx et charroiz. Ilz ne
le sçauroient réédifier pour trois millions, et si, feroye démons-
tration de bastir contre quant ils feroient chose qu'eust appa-
rence de force, afin que voyans leurs fraiz et peines inutiles, ilz
cessassent eulx-mesmes. . . . . La ville ne se refera jamais, et une
ville sans habitans si avant en pays d'aultruy se reffaict et se sou-
tent mal [1]. »

Philippe II et son conseil privé tenaient avant tout à ce que l'on
empêchât Thérouanne de se fortifier de nouveau. Comme cette
question arrêtait la conclusion d'un traité qu'il avait hâte de signer,
il envoie l'avant-veille de la signature de pressantes et précises
instructions.

En aucun cas, il ne faut admettre la fortification de Thérouanne :
il vaudrait mieux, pour l'empêcher, abandonner aux Français la terre
du Charollais. Si l'échange ne leur agrée pas, qu'on leur offre le
« pourpris » de la ville de Damvillers dont on ruinerait les fortifications, leur permettant de les relever ensuite; s'ils trouvent l'offre
insuffisante, que l'on y ajoute la prévôté de Damvillers qui com-
prend trois villages. « En cas de refus encore, l'on pourroit accorder
le pourpris seullement de la ville d'Yvoix ruinée, avec promesse de
ne le pouvoir refortiffier [2]. »

Il en coûta moins cher à la couronne d'Espagne, car voici ce que
les plénipotentiaires espagnols écrivaient avec satisfaction à leur
roi la veille du jour où fut signé le traité. « Et fust la fin des négociations telle que Théroanne ne se fortifiera, comme aussi Vostre
Majesté ne pourra fortiffier ny Yvoix, ny mil pas à la ronde; et sy
ne perdra V. M. par ceste negociation ny le Charolais ny un poulce
de ses terres [3]. »

[1] *Papiers d'État de Granvelle*, V, p. 562.
[2] *Ibid.*, t. V, p. 566.
[3] *Op. cit.*, p. 570.

L'article du traité de Cateau-Cambresis qui concerne Thérouanne
est le 12ᵉ; il est ainsi conçu :

Et pour ce que la ville et cité de Théroanne fut prise sur led. seigneur
roy de France, elle fut ruynée et démolie, au moien de quoy il ne sera
possible aud. seigneur roy d'Espaigne de la restituer en l'état qu'elle estoit,
a esté convenu et accordé par lesd. seigneurs députés que le lieu et territoire où estoit assise lad. ville, ensemble ce qui en dépend et dont led. seigneur roy de France esloit en possession avant le commencement de ces
guerres sera remis et restitué en son obéissance pour en disposer par luy,
ses hoirs et successeurs et ayant cause, à tousjours, perpétuellement, tout
autant qu'il souloit faire auparavant les dernières guerres. Et néanmoins
sera loisible aud. seigneur roy très chrestien, attendu lad. démolition, faire
ruiner et démolir la fortification, cloture et murailles de la ville d'Yvoix
avant en faire la restitution : laquelle ville led. seigneur roy catholique ne
pourra retourner à fortifier, comme aussy ne pourra led. seigneur roy très
chrestien faire aucun fort au pourpris de Térouane.

Par cet article, le sol, sinon la ville, était rendu à ses anciens
maîtres. Ce petit pays de Thérouanne si fidèle à la France avait
toujours été défendu par nos rois avec un soin jaloux contre toute
intrusion étrangère. Il avait fallu une surprise et une infidélité
de la victoire à la bravoure française pour le mettre un moment au
pouvoir de l'ennemi. Clotaire Iᵉʳ l'avait constitué en régale. Lorsque
Charles le Chauve créa, en 863, au profit de son gendre Baudouin
Bras-de-Fer, le comté héréditaire de Flandre, dans lequel le pays
qui plus tard devait être l'Artois [1] était compris, la régale de
Thérouanne fut expressément réservée [2]. La monnaie des comtes de
Flandre n'avait pas cours à Thérouanne : on n'y reconnaissait que
la seule monnaie de France [3]. A travers toutes les vicissitudes de

[1] M. Alb. Cartellieri fait à ce propos une remarque intéressante. Au sens politique, dit-il, ce pays ne reçoit pour la première fois sa dénomination particulière
d'*Artois* qu'au traité conclu le 2 janvier 1200 entre Philippe Auguste et Baudouin
de Hainaut, son beau-père, « *tota terra quæ est de Flandria et de Atrebatesia* »; jusque-
là pour désigner ce pays on se servait de l'expression : *Terra extra Fossatum*. —
L'avènement de Philippe Auguste, par M. Alb. Cartellieri. *Revue historique*, no-
vembre 1893, p. 264.

[2] Bultel, *Mémoire sur la régale de Thérouanne*. Arch. départ., B. 699, 19.

[3] Ce fait intéressant nous est révélé par une charte de Raymond, évêque de
Thérouanne. En 1345, l'abbé de Saint-Bertin avait apprécié au taux de la monnaie
ayant cours en Artois sa redevance envers le siège de Thérouanne. L'évêque rejeta
la proposition, niant que la monnaie d'Artois ait jamais eu cours dans la cité des

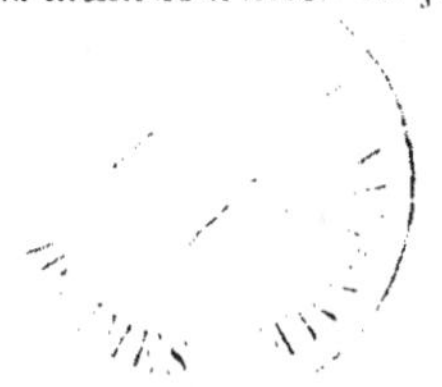

sa longue lutte contre Charles V, et au milieu des plus durs sacrifices que lui imposa le sort des armes, François Ier, « par prédilection pour Thérouanne et par un esprit de politique [1] », excepta toujours ce territoire de ses concessions. Traité de Cambrai (1529), art. xi et xii; trève de Romy (1537), art. ii [2]; traité de Crépy (1544), art. xi et xii.

Quand Thérouanne fut rendu à la France, son sol offrait un aspect désolé. On n'y voyait qu'un vaste entassement de décombres où çà et là quelque amoncellement plus considérable marquait la place des édifices et constructions plus importants, tels que la cathédrale, les hôpitaux, les cloîtres du chapitre, les églises, les portes et bastions de la ville, etc. C'était alors comme un immense chantier, *res nullius*, ouvert à tous les vents, et d'où, depuis six ans, chacun pouvait emporter tout ce qu'il y trouvait à sa convenance. Le gouvernement espagnol n'y mettait pas obstacle : ses princes auraient voulu anéantir jusqu'au souvenir de la ville ruinée. Ces pillages cessèrent à la demande de la France. En juin 1559, trois mois après la signature du traité de Cateau-Cambrésis, Philippe II écrivait lui-même au conseil d'Artois. « L'ambassadeur de France s'estant plainct bien fort que nos subjects vont prendre et remporter le reste des démolitions de Thérouanne et que l'on y voit par jour iii et iiii cens personnes qui empeschent les povres habitans de s'y accommoder, et pour ce que par le traicté de paix dernier est expressément arresté que la ville de Thérouanne sera rompu et restituée en l'obéyssance du s[gr] roy de France, saulf qu'il ne la porra refortifier, nous vous ordonnons qu'avecq la participation du s[r] de Morbecque, comme gouverneur d'Aire qu'est la ville plus proche aud. Thérouanne, vous donniez ordre incontinent par les meilleurs moyens que pourrez adviser afin que semblables fouilles ne se commectent à l'advenir par nosd. subjectz. » Il réitère

Morins et dans son territoire : *Maxime cum predicte civitas et terra (morinenses) in nullo subsint comiti Atrebatensi, nec unquam subjecte fuerint temporibus retroactis, asserentes quod moneta regis Francie solum cursum habet in civitate et terra predictis.* (Duchet et Giry, *Cartulaire de Thérouanne*, pièce 254. 12 avril 1345.)

[1] Bultel, *Mémoire sur la régale de Thérouanne.*

[2] La Société des Antiquaires de la Morinie a publié sur ce traité une excellente étude de M. Félix Le Sergeant de Maunecove. (*Bulletin historique*. tome VI, page 217.)

ses ordres quelques jours après et défend « qu'on ne destourbe ceulx qui s'y veulent ramager [1]. »

Mais M. de Morbecque ne sait par qui faire faire « les prinses des malversans... en tant que led. lieu de Thérouanne est assi tant ès mectes de la régalle, bailliage de S. Omer et Aire », il demande « meismes sy tels malfaicteurs pourront estre prins dedans le clos dudit Thérouanne [2] », c'est-à-dire dans l'enceinte de l'ancienne ville. Le lieutenant d'Arras, Jean de Penyn, envoya quatre sergents à cheval pour s'emparer des « malversans » [3].

L'embarras de M. de Morbecque et l'étonnant spectacle des officiers du roi d'Espagne exerçant les droits de justice sur un terrain appartenant à la France marquent pour ces territoires une juridiction assez mal définie.

Il faut donner la raison de cette apparente anomalie. A cause de la régale de Thérouanne, l'évêque était « seigneur temporel de lad. ville, des flos, flégards, chemins, voieries et abordements d'icelle... » il avait « toute justice, haute, moyenne et basse sous le roi [4] ». Le dernier évêque de Thérouanne, François de Créquy, était mort un an avant la prise de la ville, et son frère Antoine de Créquy, nommé par le roi de France Henri II, n'était pas encore préconisé. En signant le traité de Cateau-Cambrésis, les deux souverains s'étaient engagés à poursuivre à Rome la division de l'ancien évêché de Thérouanne et la nomination de deux évêques, l'un pour la partie française dont le siège pourrait être à Boulogne, et l'autre pour la partie des Pays-Bas dont le siège serait à Saint-Omer ou ailleurs [5]. Des commissaires nommés par les deux rois devaient se réunir à Aire le 1er juin suivant et faire pour les deux parts du diocèse « égal département et division de toute la rente de la table tant épiscopale que capitulaire, et généralement de tous les biens et revenus appartenant à l'évêché, chapitre et église dud. Théroanne où qu'ilz soient assiz et des dignités, offices, prébendes et aultres bénéfices, des droitz tant de collation que autres, et aussi de tout le diocèse ».

[1] Ces deux lettres sont en original aux Archives départementales, B. 699.
[2] Arch. départ., B. 699 en orig.
[3] Ibid.
[4] Richemont, *Coutumes de Thérouanne.*
[5] Par le fait Rome créa trois évêchés avec celui de Thérouanne, savoir : Boulogne, Saint-Omer et Ypres. Mais le traité n'avait pas à prévoir si le roi d'Espagne demanderait l'érection de deux sièges dans la partie qui lui demeurerait de l'ancien diocèse.

Les commissaires s'assemblèrent en effet à Aire au jour fixé par le traité et besognèrent jusqu'à la fin du mois à la division de l'ancien diocèse de Thérouanne. La partition fut signée par tous le 29 juin [1].

Mais il y eut des choses que, d'une commune entente, les commissaires refusèrent de partager. Il est dit dans la partition :

A esté accordé que tout le demaine de l'évesché assiz aud. Thérouanne et ès environs demeureront par indiviz jusques à ce que partition en sera faite par les deux évesques quand ilz seront erigez. Quant à la partition et division des terres et seigneuries dud. évesché est accordé que les terres et seigneuries d'Alquines, d'Ardinghem et le Mesnil [2] se recepvront par indivis entre lesd. évesques tant et jusqu'à ce que ilz se porront accorder de la partition par ensemble. Il est accordé que le fief de l'advouerie dud. Thérouanne tenu et mouvant de la salle épiscopale de Thérouanne demeurera aud. deux évesques par indiviz pour en prendre et percevoir les fruitz par moictié.

L'intention des députés à la partition est manifeste : ils ont voulu excepter du partage tout ce qui était de la régale. Car ils avaient à partager également, non seulement les dignités, biens et revenus de l'ancien diocèse, mais aussi les droits, prérogatives et privilèges attachés à ce siège, et en ce cas, quelle part faire à chacun des nouveaux évèques?

C'est pourquoi ils laissèrent le sol, le « lieu » de Thérouanne, qui était le gros du fief et la justice y annexée en commun. Bultel explique et approuve en ces termes cette conduite :

Les commissaires des deux princes ont pris la précaution de ne pas diviser le chef-lieu, ni la justice; ils les ont laissés en commun entre les trois évêques [3], parce qu'ils étaient convaincus que, pour opérer la division d'une justice et pour en former trois qui fussent égales quant à l'honorifique, il falloit un nouveau traité ou des lettres patentes des deux souverains, duement vérifiées, ce qui étoit difficile de réduire à l'effet dans le

---

[1] Cette partition se trouve aux Arch. départ., B. 699, et Arch. capit. de Saint-Omer, G. 135. Celle qu'a publiée Foppens, *Miræi Opera diplomatica IV* est assez défectueuse.

[2] C'était régale de Thérouanne.

[3] Bultel, qui rédigeait son mémoire en 1746, raisonne pour son temps, où il y avait en effet trois diocèses formés de l'ancien diocèse de Thérouanne. Mais, au moment de la partition, il n'était question que de deux. Le siège de Boulogne ne fut créé qu'en 1566. Ceux de Saint-Omer et Ypres le furent en 1560.

cas où l'on usoit de tant de politique et de précaution l'un envers l'autre.
D'ailleurs l'esprit de retour que la France conservoit a éloigné les commissaires nommés par elle pour l'exécution de ce traité (la partition du diocèse)
d'entrer dans l'embarras du partage de la justice suzeraine de Thérouanne.
Et ce retour en effet a eu lieu dès 1640 [1].

Est-ce dans cette ferme assurance qu'un jour ou l'autre l'Artois
ferait retour à leur couronne que les rois de France semblent s'être
désintéressés, pendant un temps, des ruines de leur ancienne et
vaillante ville? Bultel l'insinue dans son Mémoire. Il faut dire aussi
que Thérouanne démantelé, sans qu'il fût permis d'y élever la
moindre fortification, n'avait plus guère d'importance. Henri II
semble avoir laissé Philippe II exercer sur ce terrain ses droits de
souverain, d'autant que les limites d'Artois étaient à cette époque
contestées entre les deux princes [2].

Ses successeurs ne s'en préoccupèrent pas davantage. Mais dans
le traité de Vervins (1598), en l'article XVIII, les contractants
s'engagent à faire au plus tôt délimiter les confins des diocèses de
Boulogne et de Saint-Omer, érigés dans celui de Thérouanne. De
nouvelles guerres empêchèrent de rien terminer. La prise d'Arras
en 1640, en rendant à la France la capitale de l'Artois, ramena
virtuellement à la couronne de France la régale de Thérouanne; le
traité des Pyrénées l'y rattacha effectivement. « Le roi très chrétien
demeurera saisi et jouira effectivement..... dans le comté d'Artois... de Thérouanne et son bailliage..... à la réserve seulement des villes et bailliages... d'Aire et de Saint-Omer », art. XXXV.
Saint-Omer et Aire avec leur bailliage formèrent ce que l'on appelle
l'*Artois réservé*. En 1677 la bataille de Cassel et la prise de Saint-
Omer remirent l'Artois tout entier sous la puissance des rois de
France. (Traité de Nimègue, 17 septembre 1678.)

Louis XIV voulut signer à Thérouanne même la capitulation de
Saint-Omer, la dernière ville qui lui restât à conquérir pour ramener
entièrement et définitivement à la couronne de France une riche
province qui en était détachée depuis trois cent soixante ans [3].
Est-il téméraire de penser que ce monarque, qui ne faisait rien

[1] Arch. depart.. B. 699. 19. *Mémoire sur la régale de Thérouanne*, p. 24.
note 21.

[2] Arch. départ., B. 693. 74, et B. 693. 78.

[3] Ce fut en 1320 que l'Artois passa aux comtes de Flandres par le mariage d
Marguerite de France, fille de Philippe le Long, avec Louis de Crécy.

sans à propos, a voulu par là répondre à l'acte brutal du conquérant de 1553?

On se figure sans peine ce que pouvait être le pourpris de Thérouanne quand, par la partition du diocèse, il échut en propriété commune aux trois évêques de Boulogne, de Saint-Omer et d'Ypres. Il fallut bien des années avant que la nature, qui ne chôme jamais, eût fait produire à ce sol entièrement couvert de décombres quelque végétation utilisable. Jusqu'à la Révolution, aucune habitation ne s'y construisit. Cependant le traité de Cateau-Cambrésis y interdisait seulement les travaux de fortification et nous avons vu que Philippe II écrivit, en juin 1559, au conseil d'Artois afin « qu'on ne destourbe ceulx qui s'y veulent ramager [1] ». Ce qui, plus que toute autre considération, empêcha que ce terrain ne se couvrît de nouveau de maisons, fut la possession en commun qui interdisait aux évêques co-usufruitiers toute aliénation du fonds. Il était tout simple de faire de ce terrain désolé une sorte de pacage longtemps abandonné aux riverains, et dont les évêques ne tirèrent quelque profit que près de vingt années après qu'il leur eut été donné.

La seule tentative de construire sur ce terrain fut faite en 1757 par Mgr François de Montlouet, évêque de Saint-Omer. Désireux de se construire une maison de campagne sur l'emplacement même de l'antique siège épiscopal de Thérouanne, ce prélat offrit à ses co-usufruitiers de leur constituer sur tous les biens de l'évêché de Saint-Omer, avec le placet du roi qu'il se faisait fort d'obtenir, « une rente annuelle, foncière, seigneuriale et à perpétuité... pour la part et portion de fermages qu'ils tirent de ces terrains [2] ». L'évêque et le chapitre de Boulogne refusèrent.

Dès l'année 1576, ces terrains furent loués comme pâturages et demeurèrent en cet état jusqu'en 1769. A cette époque, la location en avait été prise depuis 1762 par la « communauté » du nouveau Thérouanne, c'est-à-dire du village qui s'était formé à côté et dans un faubourg de l'ancienne ville. A l'expiration du bail, un sieur Delpierre, de Neuve-Église [3], demanda à l'intendant de la province, avec mémoire à l'appui, « la concession de deux cents mesures de terre de l'ancien emplacement de la ville de Thérouanne, sur lesquelles

---

[1] *Se ramager* signifie en patois du pays s'assembler pour se blottir, s'abriter, comme les oiseaux se ramagent *inter ramos.*

[2] Arch. Saint-Omer. G. 371.

[3] Delpierre, de Neuve-Église, né à Saint-Omer, ancien officier de cavalerie.

il convient que les riverains ont un droit de pacage, pour raison
duquel ils payent annuellement quatre cents francs aux évêques de
Saint-Omer et de Boulogne qui y ont conséquemment des prétentions, en soutenant cependant que ce terrein appartient au roy ».
Il demandait ces terrains pour les défricher. Les évêques défendirent
leur possession. Reconnaissant toutefois que le défrichement de ces
terres serait un avantage pour l'État et pour le public, ils offrirent
au sieur Delpierre de lui céder par un bail emphitéotique l'usu-
fruit de ce terrain à la condition de le défricher [1]. Ce ne fut pas
toutefois cet agronome d'aventure qui entreprit le défrichement.
Les évêques firent bail avec Liévin Saison, fermier de Saint-Jean-
au-Mont, y demeurant. Les habitants du village de Thérouanne,
auparavant locataires de ce terrain, furieux d'être dépossédés et
ne sachant plus où mener paître leurs bestiaux, menacèrent le
nouvel occupant de détruire ses récoltes. Afin de prévenir cette
vengeance, un arrêt du Conseil d'Artois, en date du 4 avril 1770,
mit « les récoltes des terrains défrichés par le sr Liévin Saison audit
Thérouanne, sa personne, aussi ses enfants et ses domestiques, aussi
la ferme par lui occupée et ses dépendances sous la protection et
sauvegarde du roy et de justice, ainsi que sous la garantie de la
communauté dudit Thérouanne ». Le jour même de la publication
de cet arrêt, les habitants du village « en haine dudit défrichement
et au mépris du susdit arrêt » se rendirent en nombre sur le sol de
l'ancienne ville sous prétexte de tirer l'oiseau à la butte, foulèrent
une grande partie du terrain défriché et ensemencé et gâtèrent
tout [2].

Le Conseil d'Artois, par arrêt du 2 mai 1770, « ordonna visita-
tion » ; je n'ai pu savoir le résultat de l'enquête. Elle fut assurément
défavorable aux habitants. Ceux-ci reprirent alors la thèse du sieur
Delpierre, thèse déjà soutenue plusieurs fois au xvi⁰ siècle par
leurs aïeux, que le sol de Thérouanne appartenait au roi de France,
et que, par conséquent, les évêques ne pouvaient les empêcher d'y

collabora à l'ouvrage intitulé : *L'agronomie et l'industrie.* Il est l'auteur du *Patriote
artésien*, qui parut à Paris en 1761. (Collet, *Notice sur Saint-Omer*, p. 225.)

Un sieur Robichet sollicita en 1775 une semblable concession. Il fut de même
éconduit par M. de Caumartin. (Communication de M. Pagart d'Hermansart.
Bulletin de la Morinie, t. VII, p. 525.)

[1] Arch. départ., C. 527, p. 76, 77. 78, 79.

[2] Arch. départ.. B. 386. fol. 137 et 160 du registre aux dictums du Conseil
d'Artois.

mener paître leurs troupeaux. M. de Caumartin, intendant des provinces de Flandre et d'Artois, à qui la requête fut portée, demanda un rapport à son subdélégué M. de Cauchy. C'est ce très intéressant rapport, conservé aux Archives départementales, qui nous donne des indications très certaines sur la destinée du sol de Thérouanne jusqu'en l'année 1770. M. de Cauchy rappelle que le sol de jadis Thérouanne a été donné par la partition de l'ancien diocèse aux trois évêchés nouveaux, et continue en ces termes :

Ou voit par un premier bail en minute par devant les bailli et échevins des évêques de S. Omer et de Boulogne, audit Thérouanne le 3 mai 1576, que plusieurs habitans des bourgs d'en bas et d'en haut du lieu jadis Thérouanne ont pris dès lors à loyer desd. évêques le droit de pouvoir chasser, leurs vaches et veaux pasturer sur les héritages tenus desd. évêchés au clos dud. Thérouanne, puis naguaire retrait et réuni à la table et domaine desd. évêchés, led. bail passé pour un an commencé le jour précédant moyennant la somme de huit vingt livres de quarante gros de Flandre de chacune livre.

Quantité d'autres baux qui m'ont été représentés en minutes sous les dates de 1646, 1647.. 1703, 1711, 1715, 1716, 1724 et 1762, les uns faits pour un an, les autres pour trois, les autres pour six, les autres pour neuf années. Il est énoncé dans tous ces baux que les preneurs jouiront de tout l'enclos de Thérouanne à titre de bail, ferme et louage. Le prix du loyer en a varié presque à chaque bail. Les uns sont passés au profit d'un seul particulier, les autres au profit de plusieurs, tous sont passés par devant les officiers des évêques ou par devant notaires.

L'on aperçoit encore par ces baux que les biens de l'évêché de Boulogne aud. Thérouanne ont été saisis et confisqués par le roi d'Espagne, que dans les autres tems les biens de l'évêché de S. Omer aud. Thérouanne ont été pareillement saisis et confisqués de la part du roi de France, que lors desd. confiscations l'économe de la partie confisquée se réunissait quelquefois à l'évêque qui continuoit de jouir de sa part, et qu'ils louaient conjointement la totalité du pacage du clos ou enceinte de lad. ville. Ainsy il est évident que la seigneurie de Thérouanne appartient encore aujourd'hui aux évêques de Boulogne et de S. Omer, comme elle appartenoit à celui de Thérouanne avant la démolition ; il est également évident que ces évêques ont droit de jouir des terreins qui composoient l'ancienne ville de Thérouanne à titre de la réunion qu'ils en ont faite à leur évêché [1].

---

[1] Arch. départ., C. 587, p. 82, en original.

Par une ordonnance du 24 août 1770, l'intendant débouta les prétendants :

Attendu, dit-il, que la réclamation des habitants de Thérouanne ne peut que les exposer aux frais d'un procès dispendieux, sans qu'ils puissent espérer d'en être indemnisés par un jugement favorable, nous, Intendant, avons débouté et déboutons lesd. habitans de leur demande à fin d'autorisation de plaider, ordonnons que ceux d'entre eux qui s'obstineront à poursuivre le procès dont il s'agit ne pourront agir qu'en leur propre et privé nom, et qu'il seront et demeureront responsables des frais qui en auront résulté sans qu'il puisse par eux être exercé aucun recours sur la communauté [1].

Le défrichement commencé par Liévin Saison continua sans relâche : le sol du pourpris tout entier fut mis en culture, et, sous l'action incessante du temps et de la charrue, le nivellement se fit peu à peu si complet que la cathédrale marque seule, aujourd'hui, par un tertre un peu plus élevé la place qu'elle occupait. Le plan de la commune de Thérouanne dressé en l'an XII par les ingénieurs du gouvernement indique cet emplacement par un large plateau auquel aboutit sans autre issue un chemin qui part de l'ancienne porte du Saint-Esprit. Ce chemin suit exactement la grande rue qui, dans le vieux Thérouanne, menait de cette porte à la cathédrale. Il s'est conservé par l'habitude longtemps pratiquée d'exploiter comme une carrière de pierres à construire les décombres de l'édifice détruit.

Si l'on compare les plans I et II qui accompagnent cette notice, on verra sans peine que le moderne Thérouanne s'est bâti au midi de l'ancien, sur les deux rives de la Lys, qui coulait en formant deux bras devant la porte principale de la ville, et sur l'emplacement même du faubourg appelé, du nom de cette porte, faubourg du Saint-Esprit. Situé sur la chaussée Brunehaut, qui menait directement d'Arras à Thérouanne, c'était le faubourg le plus populeux de la capitale de la Morinie. Il formait une paroisse à part, il avait son église sous le vocable de saint Martin oultre-eauw (*ultra aquam*), parce qu'elle se trouvait au delà de la Lys, et pour la distinguer de Saint-Martin-au-Mont, à l'est et à l'extérieur de la ville. Cette paroisse fut anéantie avec la ville elle-même. Le rôle

[1] Arch. départ., *ibid.*

du Centième denier pour l'année 1559 le constate par cette brève note [1] :

Faubourg de jadis Thérouanne scitué au desseur de la grande chaussée Brunehault : quant à l'église ne y a point tant seulement que l'attre, contenant une demie mesure ou environ, avec trois quartiers de presbitaire non amasé dont ne se tire proffit.

Aussitôt qu'après la démolition de Thérouanne il fut permis aux habitants de la ville et des faubourgs de se « ramager »; ne pouvant s'établir sur l'ancienne ville, ils s'en tinrent le plus près possible, et se groupèrent sur l'emplacement de l'ancien principal faubourg, autour de l'église ruinée. Bientôt ils se virent assez nombreux pour désirer de se constituer en paroisse. L'ancienne avait si complètement disparu que la partition de l'évêché ne l'avait attribuée à aucun des deux diocèses nouveaux. Plus de cinquante ans après la reconstitution du diocèse, les habitants ne savaient à quel évêque ils appartenaient, et fréquentaient selon leur attrait, les uns la paroisse de Clarques, diocèse de Saint-Omer, les autres celle de Nielles, diocèse de Boulogne. En 1611, ils adressèrent à Jacques Blazœus, évêque de Saint-Omer, une requète lui remontrant : « que passées longues années ils ont eu dévotion d'ériger et remettre l'église de leur faubourg comme elle estoit avant la rupture d'icelle. Mais comme ilz ne sçavent à qui ilz debvront tomber en charge... ilz ont recours à sa réverendissime seigneurie ad ce que elle soit servie de les vouloir embrasser soubz sa charge pastorale soubz offre que les remonstrans soubz signez font de luy obéyr et se rendre responsables à toutes censures ecclésiastiques » [2]. Le président du conseil d'Artois, Renom de France, appuya leur requéte auprès de l'évêque de Saint-Omer, d'autant que le siège de Boulogne pourrait les accueillir, et ue ces braves gens offraient de rétablir les menues dimes « qu'anciennement le pasteur dud. S. Martin percevoit sur ses paroissiens » [3].

Je n'ai pu savoir à quelle date précise cette paroisse échangea son nom de Saint-Martin-oultre-eauw contre celui de Thérouanne. Elle figure sous ce nouveau nom, et elle est attribuée au doyenné d'Helfaut dans un tableau des paroisses du diocèse de Saint-Omer, au milieu

[1] Arch. départ., rôle du C⁰ 1559.
[2] Arch. capit. de Saint-Omer. G. 8.
[3] Ibid., G. 266.

du xviiᵉ siècle [1]. L'église rebâtie sous l'évêque Blazœus, sur l'emplacement de l'ancienne, fut détruite en 1799 par un incendie qui consuma soixant-deux maisons du village : elle a été réédifiée au même endroit et toujours sous le vocable de Saint-Martin.

Tels furent l'heur et le malheur de Thérouanne, dont Fr. de Rabutin écrivait : « Cette cité, combien qu'elle fut petite de circuit, avoit un renom immortel par tout le monde ». Sa fin fut digne de son passé. Comme le preux capitaine, son dernier gouverneur qui se fit tuer sur la brèche en la défendant, elle est tombée pour l'honneur et la défense de la France. La Société des Antiquaires de la Morinie avait autrefois décidé qu'une table en marbre blanc, commémorative de ces grands faits historiques, serait placée dans l'église du nouveau Thérouanne; mais, obligée de suffire, avec de modestes ressources, à des charges considérables, elle n'a pu, jusqu'à ce jour, à son grand regret, réaliser ce patriotique dessein. N'est-il pas regrettable que rien ne rappelle aujourd'hui en ces lieux d'aussi glorieux souvenirs? Espérons qu'il suffira de signaler cet oubli, disons cette ingratitude de notre siècle à l'attention du Gouvernement, dont la mission est d'honorer tout ce qui peut élever et grandir le patriotisme. Un monument élevé dans le vieux « pourpris » reconquis, à l'honneur du héros et de la vaillante cité ensevelis ensemble sous les mêmes ruines, rappellerait aux générations présentes et à venir que les villes comme les individus doivent savoir se sacrifier pour la défense de la patrie.

PLAN I. — *Thérouanne avant sa destruction.*

Ce curieux plan de Thérouanne a été trouvé aux archives du département du Pas-de-Calais par M. Richard, archiviste, et publié dans le *Bulletin des antiquités départementales*, t. V. M. Richard place la date de ce plan entre 1537 et 1553, c'est-à-dire entre la destruction de l'abbaye de Saint-Jean-au-Mont, que le plan montre en ruines, et la démolition de Thérouanne. Je pense que l'on peut assigner la date de 1539. L'article VII du traité de la Fère (23 octobre 1538), annexe de celui de Nice (18 juin 1538), dit que, pour trancher le différend entre le roi de France et l'em-

---

[1] Ms. Deneuville et Grand Cartul., IX, 213.

pereur au sujet de Saint-Jean-au-Mont, des députés des deux princes «se transporteront aud. Thérouanne pour voir la disposition du lieu où estoit led. monastère, *faire mesurage et figure accordée*». L'enquête commença dès 1539, or ce plan semble dressé surtout en vue de Saint-Jean-au-Mont, dont il précise la distance par rapport à la ville. Au midi de la ville, se voit la porte du Saint-Esprit entre les tours des Marais et de Saint-Augustin. Une large rue, la plus grande de la ville, conduisait de cette porte à la cathédrale. Elle s'appelait rue Saint-Jean. C'est aujourd'hui un chemin étroit que l'on appelle encore rue Saint-Jean. La chaussée Brunehaut, qui partait d'Arras, aboutissait à cette porte en traversant le faubourg établi entre les deux bras de la Lys. C'est sur l'emplacement de ce faubourg, aussi démoli en 1553, que s'est reconstitué le nouveau Thérouanne, en rangeant ses maisons surtout le long de la chaussée. Le premier pont en sortant de la ville s'appelait Pont du Saint-Esprit ou Pont de Grès. Le second s'appelait Pont de la Rose. Ils portent encore aujourd'hui les mêmes noms.

PLAN II. — *Lieux-dits encore en usage aujourd'hui.*

A. A. Ches Muttes (Les Mottes), emplacement de la cathédrale.

B. Mont Eventé.

La chaussée Brunehaut qui traverse aujourd'hui l'emplacement de la ville, la contournait autrefois à l'occident.

PLAN III.

A. A. Emplacement de la cathédrale, n°⁰ 84 et 85 du cadastre contenant : le premier 68 ares 90, et le second 48 ares 60. Il est à remarquer que cette portion de terrain est restée d'un seul tenant, formant un îlot au milieu de lots très divisés. Lieu-dit : la Cathédrale.

B. Emplacement présumé de l'église Saint-Nicolas. Même observation que pour A.

C. Anciens fossés de la ville, dont la division par lots au moment de la vente après la Révolution s'est faite perpendiculairement à l'axe desdits fossés. Lieu-dit : les Fossés.

D. La Patrouille : lieu-dit.

E. La Brèche : lieu-dit. C'est par là que les Allemands sont entrés dans la ville.

La Ville de Therouanne
Gallines
Labaye Sainct Jehan ou mont
Terre de St Jehan
Le malladerie
Septentrion
Gallines
Gallines
Fief de marlet
Gallines
Fief de Gallines
Orient
Saint Symphorien
9, RUE CADET, PARIS.

N° 3
Extrait d'un Plan
dressé en l'an XII
par les ingénieurs du gouvernement
Archives du Pas de Calais
Emplacement de l'ancienne Ville
et Thérouanne
Terre Labourable
Tête Labourable
Terre Berrin
Village
Thérouanne
Chaussée de Bruay à Thérouanne

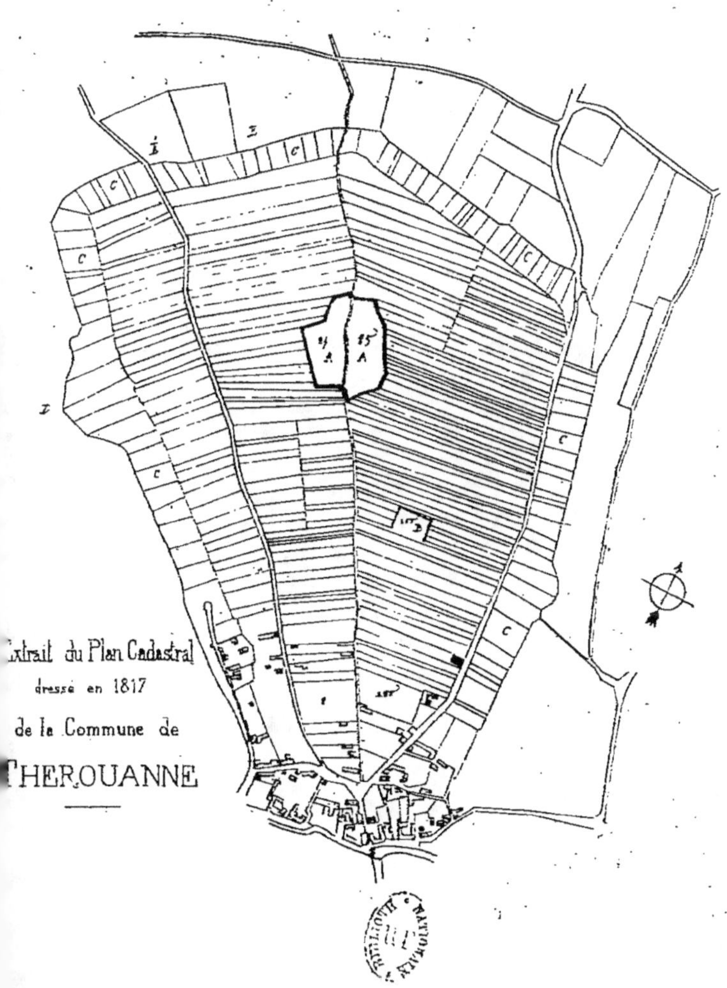

N.º 3.
Extrait du Plan Cadastral
dressé en 1817
de la Commune de
THEROUANNE